AU PEUPLE.

CITOYENS,

L'empire va se faire. Faut-il voter? Faut-il continuer de s'abstenir? Telle est la question qu'on nous adresse.

Dans le département de la Seine, un certain nombre de Républicains, de ceux qui jusqu'à ce jour se sont abstenus, comme ils le devaient, de prendre part, sous quelque forme que ce fût, aux actes du gouvernement de M. Bonaparte, sembleraient aujourd'hui ne pas être éloignés de penser qu'à l'occasion de l'empire une manifestation opposante de la ville de Paris, par la voie du scrutin, pourrait être utile, et que le moment serait peut-être venu d'intervenir dans le vote. Ils ajoutent que, dans tous les cas, le vote pourrait être un moyen de recensement pour le parti républicain; grâce au vote, on se compterait.

Ils nous demandent conseil.

Notre réponse sera simple; et ce que nous dirons pour la ville de Paris peut être dit pour tous les départements.

Nous ne nous arrêterons point à vous faire remarquer que M. Bonaparte ne s'est pas déclaré, n'a déclaré empereur sans avoir au préalable arrêté avec ses complices le nombre de voix dont il lui convient de dépasser le ..000 de son 20 décembre. A l'heure qu'il est, huit millions, neuf millions ...., son chiffre est fait. Le scrutin n'y changera rien. Nous ne prendrons pas la peine de vous rappeler ce que c'est que "le suffrage universel" de M. Bonaparte, ce que c'est que les scrutins de M. Bonaparte. Manifestation de la ville de Paris ou de la ville de Lyon, recensement du parti républicain, est-ce que cela est possible? Où sont les garanties du scrutin? où est le contrôle? où sont les scrutateurs? où est la liberté? Songez à toutes ces dérisions. Qu'est-ce qui sort de l'urne? la volonté de M. Bonaparte. Pas autre chose. M. Bonaparte a les clefs des boîtes dans sa main, les Oui et les Non dans sa main, le vote dans sa main. Après le travail des préfets et des maires terminé, ce gouvernant de grands chemins s'enferme tête-à-tête avec le scrutin, et le dépouille. Pour lui, ajouter ou retrancher des voix, altérer un procès-verbal, inventer un total, fabriquer un chiffre, qu'est-ce que c'est? un mensonge, c'est-à-dire peu de chose; un faux, c'est-à-dire rien.

Restons dans les principes, Citoyens. Ce que nous avons à vous dire, le voici:

M. Bonaparte trouve que l'instant est venu de s'appeler Majesté. Il n'a pas restauré un pape pour le laisser à rien faire; il entend être sacré et couronné. Depuis le 2 décembre, il a le fait, le despotisme; maintenant il veut le mot, l'empire. Soit.

Nous, Républicains, quelle est notre fonction? quelle doit être notre attitude?

Citoyens, Louis Bonaparte est hors la loi; Louis Bonaparte est hors l'humanité. Depuis dix mois que ce malfaiteur règne, le droit à l'insurrection est en permanence et domine la situation. A l'heure où nous sommes, un perpétuel appel aux armes est au fond des consciences. Or, soyons tranquilles, ce qui se révolte dans toutes les consciences arrive bien vite à armer tous les bras.

Amis et Frères! en présence de ce gouvernement infâme, négation de toute morale, obstacle à tout progrès social, en présence de ce gouvernement meurtrier du peuple, assassin de la République et violateur des lois, de ce gouvernement né de la force et qui doit périr par la force, de ce gouvernement élevé par le crime et qui doit être terrassé par le droit, le Français digne du nom de citoyen ne sait pas, ne veut pas savoir s'il y a quelque part des semblants de scrutin, des comédies de suffrage universel et des parodies d'appel à la nation; il ne s'informe pas s'il y a des hommes qui votent et des hommes qui font voter, s'il y a un troupeau qu'on appelle le sénat et qui délibère et un autre troupeau qu'on appelle le peuple et qui obéit; il ne s'informe pas si le pape va sacrer au maître-autel de Notre-Dame l'homme qui — n'en doutez pas, ceci est l'avenir inévitable — sera serré au poteau par le bourreau; —en présence de M. Bonaparte et de son gouvernement, le citoyen, digne de ce nom, ne fait qu'une chose et n'a qu'une chose à faire: charger son fusil et attendre l'heure.

VIVE LA RÉPUBLIQUE!

Les Proscrits démocrates-socialistes de France, résidant à Jersey, et réunis en assemblée générale, le 31 octobre 1852.

POUR COPIE CONFORME:

La Commission,

VICTOR HUGO,
FOMBERTAUX,
PHILIPPE FAURE.

AU PEUPLE.

CITOYENS,

L'empire va se faire. Faut-il voter? Faut-il continuer de s'abstenir? Telle est la question qu'on nous adresse.

Dans le département de la Seine, un certain nombre de Républicains, de ceux qui jusqu'à ce jour se sont abstenus, comme ils le devaient, de prendre part, sous quelque forme que ce fût, aux actes du gouvernement de M. Bonaparte, sembleraient aujourd'hui ne pas être éloignés de penser qu'à l'occasion de l'empire une manifestation opposante de la ville de Paris, par la voie du scrutin, pourrait être utile, et que le moment serait peut-être venu d'intervenir dans le vote. Ils ajoutent que, dans tous les cas, le vote pourrait être un moyen de recensement pour le parti républicain; grâce au vote, on se compterait.

Ils nous demandent conseil.

Notre réponse sera simple; et ce que nous dirons pour la ville de Paris peut être dit pour tous les départements.

Nous ne nous arrêterons point à vous faire remarquer que M. Bonaparte ne s'est pas décidé à se déclarer empereur sans avoir au préalable arrêté avec ses complices le nombre de voix dont il lui convient de dépasser les 7,500,000 de son 20 décembre. A l'heure qu'il est, huit millions, neuf millions, dix millions, son chiffre est fait. Le scrutin n'y changera rien. Nous ne prendrons pas la peine de vous rappeler ce que c'est que "le suffrage universel" de M. Bonaparte, ce que c'est que les scrutins de M. Bonaparte. Manifestation de la ville de Paris ou de la ville de Lyon, recensement du parti républicain, est-ce que cela est possible? Où sont les garanties du scrutin? où est le contrôle? où sont les scrutateurs? où est la liberté? Songez à toutes ces dérisions. Qu'est-ce qui sort de l'urne? la volonté de M. Bonaparte. Pas autre chose. M. Bonaparte a les clefs des boîtes dans sa main, les Oui et les Non dans sa main, le vote en main. Après le travail des préfets et des maires terminé, ce gouvernant de grands chemins s'enferme tête-à-tête avec le scrutin, et le dépouille. Pour lui, ajouter ou retrancher des vols, altérer un procès-verbal, inventer un total, fabriquer un chiffre, qu'est-ce que c'est? un mensonge, c'est-à-dire peu de chose; un faux, c'est-à-dire rien.

Restons dans les principes, Citoyens. Ce que nous avons à vous dire, le voici:

M. Bonaparte trouve que l'instant est venu de s'appeler Majesté. Il n'a pas restauré un pape pour le laisser à rien faire; il entend être sacré et couronné. Depuis le 2 décembre, il a le fait, le despotisme; maintenant il veut le mot, l'empire. Soit.

Nous, Républicains, quelle est notre fonction? quelle doit être notre attitude?

Citoyens, Louis Bonaparte est hors la loi; Louis Bonaparte est hors l'humanité. Depuis dix mois que ce malfaiteur règne, le droit à l'insurrection est en permanence et domine toute la situation. A l'heure où nous sommes, un perpétuel appel aux armes est au fond des consciences. Or, soyons tranquilles, ce qui se révolte dans toutes les consciences arrive bien vite à armer tous les bras.

Amis et Frères! en présence de ce gouvernement infâme, négation de toute morale, obstacle à tout progrès social, en présence de ce gouvernement meurtrier du peuple, assassin de la République et violateur des lois, de ce gouvernement né de la force et qui doit périr par la force, de ce gouvernement élevé par le crime et qui doit être terrassé par le droit, le Français digne du nom de citoyen ne sait pas, ne veut pas savoir s'il y a quelque part des semblants de scrutin, des comédies du suffrage universel et des parodies d'appel à la nation; il ne s'informe pas s'il y a des hommes qui votent et des hommes qui font voter, s'il y a un troupeau qu'on appelle le sénat et qui délibère et un autre troupeau qu'on appelle le peuple et qui obéit; il ne s'informe pas si le pape va sacrer au maître-autel de Notre-Dame l'homme qui — n'en doutez pas, ceci est l'avenir inévitable — sera ferré au poteau par le bourreau; — en présence de M. Bonaparte et de son gouvernement, le citoyen, digne de ce nom, ne fait qu'une chose et n'a qu'une chose à faire : charger son fusil et attendre l'heure.

VIVE LA RÉPUBLIQUE !

Les Proscrits démocrates-socialistes de France, résidant à Jersey, et réunis en assemblée générale, le 31 octobre 1852.

POUR COPIE CONFORME :

La Commission,

VICTOR HUGO,
FOMBERTAUX,
Philippe FAURE.

AU PEUPLE.

CITOYENS,

L'empire va se faire. Faut-il voter? Faut-il continuer de s'abstenir? Telle est la question qu'on nous adresse.

Dans le département de la Seine, un certain nombre de Républicains, de ceux qui jusqu'à ce jour se sont abstenus, comme ils le devaient, de prendre part, sous quelque forme que ce fût, aux actes du gouvernement de M. Bonaparte, semble-raient aujourd'hui ne pas être éloignés de penser qu'à l'occasion de l'empire une manifestation opposante de la ville de Paris, par la voie du scrutin, pourrait être utile, et que le moment serait peut-être venu d'intervenir dans le vote. Ils ajoutent que, dans tous les cas, le vote pourrait être un moyen de recensement pour le parti républicain; grâce au vote, on se compterait.

Ils nous demandent conseil.

Notre réponse sera simple; et ce que nous dirons pour la ville de Paris peut être dit pour tous les départements.

Nous ne nous arrêterons point à vous faire remarquer que M. Bonaparte ne s'est pas décidé à se déclarer empereur sans avoir au préalable arrêté avec ses complices le nombre de voix dont il lui convient de dépasser les 7,500,000 de son 20 décembre. A l'heure qu'il est, huit millions, neuf millions, dix millions, son chiffre est fait. Le scrutin n'y changera rien. Nous ne prendrons pas la peine de vous rappeler ce que c'est que "le suffrage universel" de M. Bonaparte, ce que c'est que les scrutins de M. Bonaparte. Manifestation de la ville de Paris ou de la ville de Lyon, recensement du parti républicain, est-ce que cela est possible? Où sont les garanties du scrutin? où est le contrôle? où sont les scrutateurs? où est la liberté? Songes à toutes ces dérisions. Qu'est-ce qui sort de l'urne? la volonté de M. Bonaparte. Pas autre chose. M. Bonaparte a les clefs des boîtes dans sa main, les Oui et les Non dans sa main, le vote dans sa main. Après le travail des préfets et des maires terminé, ce gouvernant de grands chemins s'enferme tête-à-tête avec le scrutin, et le dépouille. Pour lui, ajouter ou retrancher des voix, altérer un procès-verbal, inventer un total, fabriquer un chiffre, qu'est-ce que c'est? un mensonge, c'est-à-dire peu de chose; un faux, c'est-à-dire rien.

Restons dans les principes, Citoyens. Ce que nous avons à vous dire, le voici: M. Bonaparte trouve que l'instant est venu de s'appeler Majesté. Il n'a pas restauré un pape pour le laisser à rien faire; il entend être sacré et couronné. Depuis le 2 décembre, il a le fait, le despotisme; maintenant il veut le mot, l'empire. Soit.

Nous, Républicains, quelle est notre fonction? quelle doit être notre attitude?

Citoyens, Louis Bonaparte est hors la loi; Louis Bonaparte est hors l'humanité. Depuis dix mois que ce malfaiteur règne, le droit à l'insurrection est en permanence et domine toute la situation. A l'heure où nous sommes, un perpétuel appel aux armes est au fond des consciences. Or, soyons tranquilles, ce qui se révolte dans toutes les consciences arrive bien vite à armer tous les bras.

Amis et Frères! en présence de ce gouvernement infâme, négation de toute morale, obstacle à tout progrès social, en présence de ce gouvernement meurtrier du peuple, assassin de la République et violateur des lois, de ce gouvernement né de la force et qui doit périr par la force, de ce gouvernement élevé par le crime et qui doit être terrassé par le droit, le Français digne du nom de citoyen ne sait pas, ne veut pas savoir s'il y a quelque part des semblants de scrutin, des comédies de suffrage universel et des parodies d'appel à la nation; il ne s'informe pas s'il y a des hommes qui votent et des hommes qui font voter, s'il y a un troupeau qu'on appelle le sénat et qui délibère et un autre troupeau qu'on appelle le peuple et qui obéit; il ne s'informe pas si le pape va sacrer au maître-autel de Notre-Dame l'homme qui—n'en doutez pas, ceci est l'avenir inévitable—sera serré au poteau par le bourreau;—en présence de M. Bonaparte et de son gouvernement, le citoyen, digne de ce nom, ne fait qu'une chose et n'a qu'une chose à faire: charger son fusil et attendre l'heure.

VIVE LA RÉPUBLIQUE!

Les Proscrits démocrates-socialistes de France, résidant à Jersey, et réunis en assemblée générale, le 31 octobre 1852.

POUR COPIE CONFORME:

La Commission,

VICTOR HUGO,
FOMBERTAUX,
PHILIPPE **FAURE.**

AU PEUPLE.

Citoyens,

L'empire va se faire. Faut-il voter? Faut-il continuer de s'abstenir? Telle est la question qu'on nous adresse.

Dans le département de la Seine, un certain nombre de Républicains, de ceux qui jusqu'à ce jour se sont abstenus, comme ils le devaient, de prendre part, en quelque forme que ce fût, aux actes du gouvernement de M. Bonaparte, sembleraient aujourd'hui ne pas être éloignés de penser qu'à l'occasion de l'empire une manifestation opposante de la ville de Paris, par la voie du scrutin, pourrait être utile, et que le moment serait peut-être venu d'intervenir dans le vote. Ils ajoutent que, dans tous les cas, le vote pourrait être un moyen de recensement pour le parti républicain; grâce au vote, on se compterait.

Ils nous demandent conseil.

Notre réponse sera simple; et ce que nous dirons pour la ville de Paris peut être dit pour tous les départements.

Nous ne nous arrêterons point à faire remarquer que M. Bonaparte ne s'est pas décidé à se déclarer empereur sans avoir au préalable arrêté avec ses complices le nombre de voix dont il lui convient de dépasser les 7,500,000 de son 20 décembre. A l'heure qu'il est, huit millions, neuf millions, dix millions, son chiffre est fait. Le scrutin n'y changera rien. Nous ne prendrons pas la peine de vous rappeler ce que c'est que le "suffrage universel" de M. Bonaparte, ce que c'est que les scrutins de M. Bonaparte. Manifestation de la ville de Paris ou de la ville de Lyon, recensement du parti républicain, est-ce que cela est possible? Où sont les garanties du scrutin? où est le contrôle? où sont les scrutateurs? où est la liberté? Songez à toutes ces dérisions. Qu'est-ce qui sort de l'urne? la volonté de M. Bonaparte. Pas autre chose. M. Bonaparte a les clefs des boîtes dans sa main, les Oui et les Non dans sa main, le vote dans sa main. Après le travail des préfets et des maires terminé, ce gouvernant de grands chemins s'enferme tête-à-tête avec le scrutin, et le dépouille. Pour lui, ajouter ou retrancher des voix, altérer un procès-verbal, inventer un total, fabriquer un chiffre, qu'est-ce que c'est? un mensonge, c'est-à-dire peu de chose; un faux, c'est-à-dire rien.

Restons dans les principes, Citoyens. Ce que nous avons à vous dire, le voici:

M. Bonaparte trouve que l'instant est venu de s'appeler Majesté. Il n'a pas restauré un pape pour le laisser à rien faire; il entend être sacré et couronné. Depuis le 2 décembre, il a le fait, le despotisme; maintenant il veut le mot, l'empire. Soit.

Nous, Républicains, quelle est notre fonction? quelle doit être notre attitude?

Citoyens, Louis Bonaparte est hors la loi; Louis Bonaparte est hors l'Humanité. Depuis dix mois que ce malfaiteur règne, le droit à l'insurrection est en permanence et domine toute la situation. A l'heure où nous sommes, un perpétuel appel aux armes est au fond des consciences. Or, soyons tranquilles, ce qui se révolte dans toutes les consciences arrive bien vite à armer tous les bras.

Amis et Frères! en présence de ce gouvernement infâme, négation de toute morale, obstacle à tout progrès social, en présence de ce gouvernement meurtrier du peuple, assassin de la République et violateur des lois, de ce gouvernement né de la force et qui doit périr par la force, de ce gouvernement élevé par le crime et qui doit être terrassé par le droit, le Français digne du nom de citoyen ne sait pas, ne veut pas savoir s'il y a quelque part des semblants de scrutin, des comédies de suffrage universel et des parodies d'appel à la nation; il ne s'informe pas s'il y a des hommes qui votent et des hommes qui font voter, s'il y a un troupeau qu'on appelle le sénat et qui délibère et un autre troupeau qu'on appelle le peuple et qui obéit; il ne s'informe pas si le pape va sacrer au maître-autel de Notre-Dame l'homme qui — n'en doutez pas, ceci est l'avenir infaillible — sera ferré au poteau par le bourreau; — en présence de M. Bonaparte et de son gouvernement, le citoyen digne de ce nom, ne fait qu'une chose et n'a qu'une chose à faire: charger son fusil et attendre l'heure.

VIVE LA RÉPUBLIQUE!

Les Proscrits démocrates-socialistes de France, résidant à Jersey, et réunis en assemblée générale, le 31 octobre 1852.

POUR COPIE CONFORME:

Le Commissaire,

VICTOR HUGO,
FOMBERTAUX,
PHILIPPE FAURE.

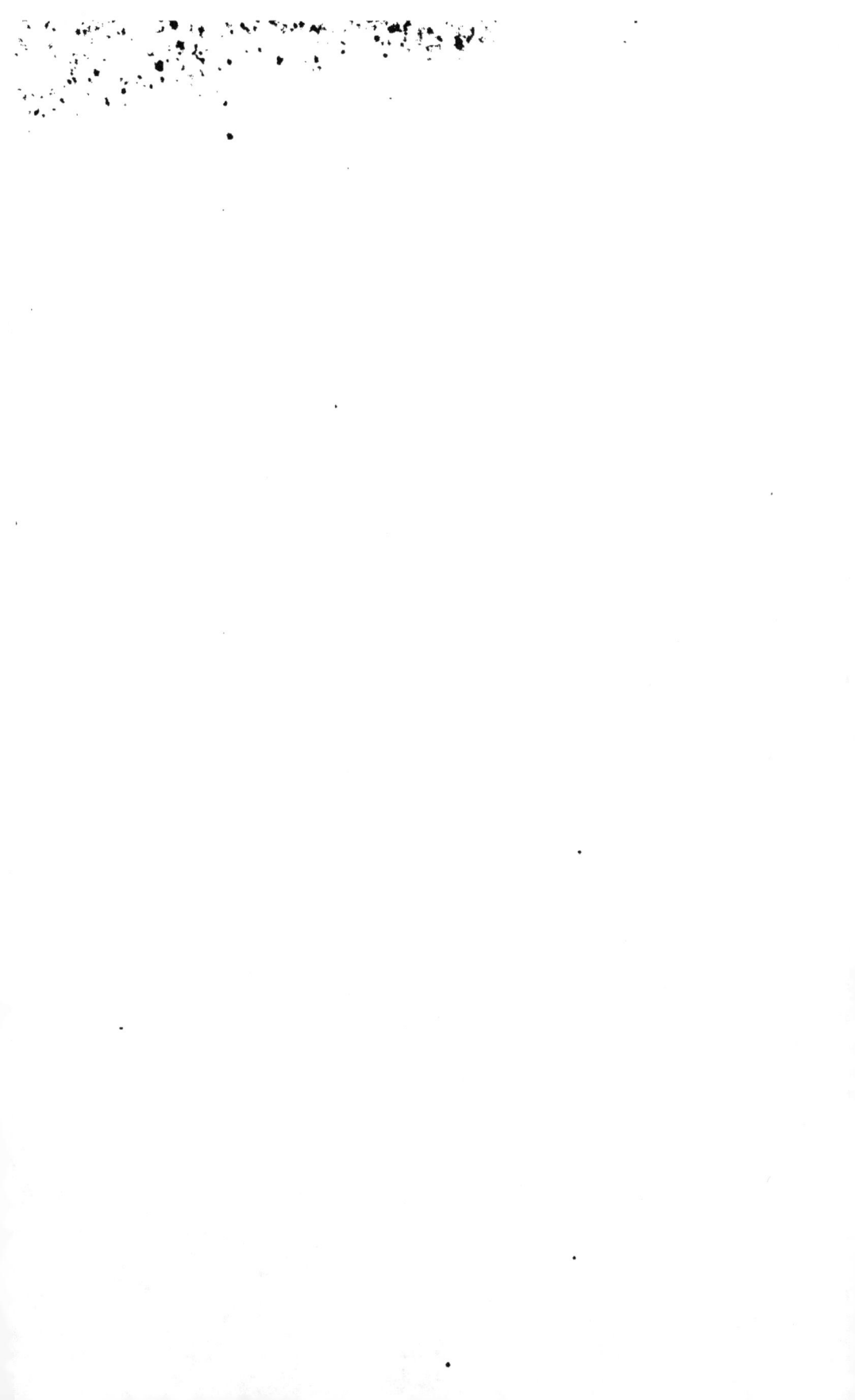

AU PEUPLE.

CITOYENS,

L'empire va se faire. Faut-il voter? Faut-il continuer de s'abstenir? Telle est la question qu'on nous adresse.

Dans le département de la Seine, un certain nombre de Républicains, de ceux qui jusqu'à ce jour se sont abstenus, comme ils le devaient, de prendre part, sous quelque forme que ce fût, aux actes du gouvernement de M. Bonaparte, sembleraient aujourd'hui ne pas être éloignés de penser qu'à l'occasion de l'empire une manifestation opposante de la ville de Paris, par la voie du scrutin, pourrait être utile, et que le moment serait peut-être venu d'intervenir dans le vote. Ils ajoutent que, dans tous les cas, le vote pourrait être un moyen de recensement pour le parti républicain; grâce au vote, on se compterait.

Ils nous demandent conseil.

Notre réponse sera simple; et ce que nous dirons pour la ville de Paris peut être dit pour tous les départements.

Nous ne nous arrêterons point à vous faire remarquer que M. Bonaparte ne s'est pas décidé à se déclarer empereur sans avoir au préalable arrêté avec ses complices le nombre de voix dont il lui convient de dépasser les 7,500,000 de son 20 décembre. A l'heure qu'il est, huit millions, neuf millions, dix millions, son chiffre est fait. Le scrutin n'y changera rien. Nous ne prendrons pas la peine de vous rappeler ce que c'est que " le suffrage universel" de M. Bonaparte, ce que c'est que les scrutins de M. Bonaparte. Manifestation de la ville de Paris ou de la ville de Lyon, recensement du parti républicain, est-ce que cela est possible? Où sont les garanties du scrutin? où est le contrôle? où sont les scrutateurs? où est la liberté? Songez à toutes ces dérisions. Qu'est-ce qui sort de l'urne? la volonté de M. Bonaparte. Pas autre chose. M. Bonaparte a les clefs des boîtes dans sa main, les Oui et les Non dans sa main, le vote dans sa main. Après le travail des préfets et des maires terminé, ce gouvernement de grands chemins s'enferme tête-à-tête avec le scrutin, et le dépouille. Pour lui, ajouter ou retrancher des voix, altérer un procès-verbal, inventer un total, fabriquer un chiffre, qu'est-ce que c'est? un mensonge, c'est-à-dire peu de chose; un faux, c'est-à-dire rien.

Restons dans les principes, Citoyens. Ce que nous avons à vous dire, le voici:

M. Bonaparte trouve que l'instant est venu de s'appeler Majesté. Il n'a pas restauré un pape pour le laisser à rien faire; il entend être sacré et couronné. Depuis le 2 décembre, il a le fait, le despotisme; maintenant il veut le mot, l'empire. Soit.

Nous, Républicains, quelle est notre fonction? quelle doit être notre attitude?

Citoyens, Louis Bonaparte est hors la loi; Louis Bonaparte est hors l'humanité. Depuis dix mois que ce malfaiteur règne, le droit à l'insurrection est en permanence et domine toute la situation. A l'heure où nous sommes, un perpétuel appel aux armes est au fond des consciences. Or, soyons tranquilles, ce qui se révolte dans toutes les consciences arrive bien vite à armer tous les bras.

Amis et frères! en présence de ce gouvernement infâme, négation de toute morale, obstacle à tout progrès social, en présence de ce gouvernement meurtrier du peuple, assassin de la République et violateur des lois, de ce gouvernement né de la force et qui doit périr par la force, de ce gouvernement élevé par le crime et qui doit être terrassé par le droit, le Français digne du nom de citoyen ne sait pas, ne veut pas savoir s'il y a quelque part des semblants de scrutin, des comédies de suffrage universel et des parodies d'appel à la nation; il ne s'informe pas s'il y a des hommes qui votent et des hommes qui font voter, s'il y a un troupeau qu'on appelle le sénat et qui délibère, et un autre troupeau qu'on appelle le peuple et qui obéit; il ne s'informe pas si le pape va sacrer au maître-autel de Notre-Dame l'homme qui — n'en doutez pas, ceci est dans l'avenir inévitable — sera serré au poteau par le bourreau; — en présence de M. Bonaparte et de son gouvernement, le citoyen digne de ce nom ne fait qu'une chose et n'a qu'une chose à faire: charger son fusil et attendre l'heure.

VIVE LA RÉPUBLIQUE!

Les Proscrits démocrates-socialistes de France, résidant à Jersey, et réunis en assemblée générale, le 31 octobre 1852.
POUR COPIE CONFORME:

La Commission,

VICTOR HUGO.
FOMBERTAUX,
PHILIPPE FAURE.

Contraste insuffisant

NF Z 43-120-14

www.ingramcontent.com/pod-product-compliance
Lightning Source LLC
Chambersburg PA
CBHW060734280326
41933CB00013B/2633